nickelodeon

PAW PATROL

¡CACHORROS AL RESCATE!

Basado en un guión de Kim Duran
Ilustrado por Harry Moore

Título original: *Pups to the Rescue!*
Undécima edición: abril 2016

Publicado por Penguin Random House Grupo Editorial, S.A.U.
Travessera de Gràcia, 47-49. 08021 Barcelona

Realización editorial: MYR Servicios Editoriales S.L. Con la colaboración de Daniel Cortés
ISBN: 978-84-488-4404-2
Depósito legal: B-9139-2015
Impreso en Soler. España
BE44042

RYDER

Cuando hay algún problema en Bahía Aventura, Ryder y su heroico equipo de cachorros, la Patrulla Canina, siempre tienen la solución. No hay nada imposible para la Patrulla Canina.

–¡Patrulla Canina al Centro de Mando! –grita Ryder.

MARSHALL

Marshall es el valiente dálmata bombero del equipo. Siempre se lanza al res-res-rescate sin dudar, aunque a veces su entusiasmo le hace ser un poco patoso.

-¡A TODA MECHA! –exclama orgulloso Marshall.

CHASE

Chase es el atlético líder de la manada. Es un pastor alemán al que le gusta seguir las reglas. Es capaz de guiar el tráfico, cortar carreteras peligrosas y olfatear la solución de cualquier misterio.

-¡CHASE SIEMPRE LISTO! –ladra el inteligente y organizado perro policía de la Patrulla Canina.

LA CASETA DE MARSHALL

La caseta de Marshall se transforma en un camión de bomberos. Dentro de su mochila hay una manguera de doble chorro. ¡Pase lo que pase, Marshall nunca pierde su actitud alegre y decidida!

LA CASETA DE CHASE

La caseta de Chase se transforma en un furgón policial. Su mochila tiene megáfono, foco, red y otros instrumentos que le ayudan a defender la justicia con pericia.

SKYE

Aunque esta perrita cockapoo es más pequeña que los demás miembros del equipo, no se asusta ante ninguna dificultad. ¡Siempre está dispuesta a lanzarse a la aventura!

-¡A VOLAR SE HA DICHO! –exclama Skye, la aventurera de altos vuelos de la Patrulla Canina.

RUBBLE

Rubble es un bulldog fuerte, voluntarioso y simpático que se mantiene en forma patinando y esquiando. Lo suyo es construir y excavar, pero cuando se ensucia le encanta tomarse largos baños calientes.

–¡RUBBLE A TODA MÁQUINA! –ladra Rubble, el duro perro constructor del equipo.

LA CASETA DE SKYE

Es una caravana que se convierte en un helicóptero.
Su mochila está repleta de cosas que la ayudan a volar.
Le encanta el snowboard, bailar y hacerse la zarpicura.

La caseta de Rubble esconde una pala en su interior y se convierte en una potente excavadora. ¡A excavar! ¡Rubble sí!

LA CASETA DE RUBBLE

ROCKY

Este perro mestizo es muy creativo. Sabe encontrar tesoros en lo que para otros es basura, ¡y emplearlos para resolver cualquier problema! Como siempre dice Rocky, «Antes de tirarlo, recíclalo».

-¡ROCKY SE ENCARGA! –dice el cachorro reciclador de la Patrulla Canina.

ZUMA

Zuma, el más joven de la pandilla, es un labrador repleto de energía. Le encantan todas las actividades acuáticas: desde hacer surf hasta bucear... ¡y también darse un baño!

-¡AL AGUA PATOS! –grita Zuma, el socorrista acuático del equipo.

LA CASETA DE ROCKY

Contiene todo tipo de herramientas, incluida una gran pinza mecánica.
Cuando Rocky tiene que desplazarse, su caseta se convierte en un camión de reciclaje.

Se convierte en un hovercraft, y su mochila posee botellas de aire y hélices que le ayudan a moverse en el agua.
–¡Una, dos y chapuzón! –dice Zuma.

LA CASETA DE ZUMA

RYDER

Ryder es un chico de 10 años que dirige con eficacia el Centro de Mando y ejerce de líder del equipo. Ryder adoptó a todos los cachorros y los entrenó para formar parte de la Patrulla Canina.

-¡NO HAY NADA IMPOSIBLE PARA LA PATRULLA CANINA! –grita contento Ryder.

¡LISTOS PARA ENTRAR EN ACCIÓN!

–¡Si nos necesitas, solo tienes que avisarnos! –exclama Ryder.